L'ADMISSION TEMPORAIRE

DES TISSUS

L'ADMISSION TEMPORAIRE

DES TISSUS

Par AIMÉ SEILLIÈRE, MANUFACTURIER,

Membre du Conseil général des Vosges,
Ancien membre du jury international de 1867,
Membre de la Commission d'enquête.

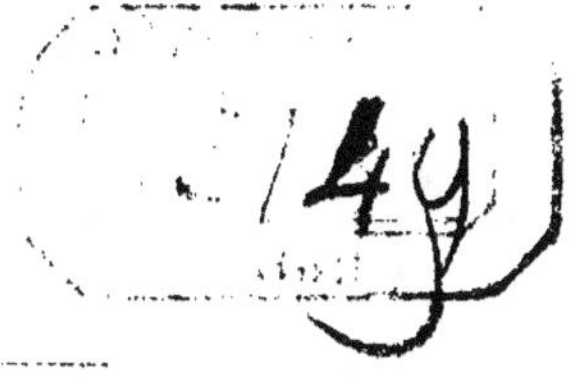

PARIS

E. DENTU, LIBRAIRE-ÉDITEUR

PALAIS-ROYAL, 17 ET 19, GALERIE D'ORLÉANS

—

1869

L'ADMISSION TEMPORAIRE

DES TISSUS

I

INTRODUCTION.

Au moment où le choix de Son Exc. M. le Ministre de l'agriculture et du commerce m'appelait à faire partie de la Commission chargée d'étudier les effets de l'importation temporaire des tissus à charge de réexportation, je m'occupais à rassembler les principaux arguments invoqués par la filature et le tissage contre le décret du 13 février 1861. Ces arguments sont dispersés dans deux volumineuses enquêtes, dans huit ou dix brochures et pétitions, et dans de nombreux articles de journaux. Je pensais être utile à une cause qui a pour elle selon moi le droit et l'intérêt du plus grand nombre, en publiant ces renseignements sous une forme qui les rendît plus accessibles, et en y ajoutant quelques idées personnelles. Puisque la question est remise à l'étude, ce petit travail n'en aura que plus d'opportunité.

Je ne prétends pas prouver que les admissions tempo-

raires soient le seul motif des souffrances de la filature et
du tissage. Les pertes faites par l'industrie cotonnière pendant la guerre américaine, l'instabilité du prix de la matière première, les effets de la concurrence étrangère, les
craintes de guerre en Europe, ont une grande part dans
ce malaise ; et la suppression des admissions temporaires ne
peut être un coup de baguette qui nous rendrait immédiatement la prospérité.

Je veux seulement démontrer que sur quatre ou cinq
causes de souffrances, l'admission temporaire est la plus
palpable, la plus évidente pour toute personne qui veut
étudier la situation sans parti pris. Et comme, de ces causes, à moins d'engagements qui nous seraient inconnus,
elle est la seule que le gouvernement puisse faire disparaître en ce moment, la filature et le tissage de l'Est sont
logiques dans l'unanimité de leurs vœux.

Je ne veux pas exposer en détail les souffrances de l'industrie cotonnière. Des voix plus autorisées l'ont fait
ou le feront. On ne peut plus mettre en balance les
affirmations de M. Jean Dollfus sur la prospérité de la filature et du tissage avec les plaintes unanimes de ses confrères et la triste réalité des choses. Ces industries sont aux
abois. Les grandes positions personnelles antérieures à 1860
y subsistent. Elles résisteront sans doute longtemps. Mais
une armée ne se compose pas de généraux, il faut des of-
ficiers et des soldats. Il est temps de penser à eux, si l'on
ne veut emprunter à l'Angleterre l'emploi périodique du
chômage général. Nous nous débattons dans l'Est depuis
plusieurs années contre l'importation de ce triste usage
et beaucoup d'industriels lui ont déjà préféré la ruine.

Aux maux bien définis les remèdes définis. Je me ren-
fermerai strictement dans les admissions temporaires et
j'éviterai toute digression sur les traités de commerce. Je

ne traiterai pas la question au point de vue de l'ensemble du pays, mais surtout à celui des départements de l'Est, qui souffrent le plus directement des admissions temporaires. Si je parviens à prouver ce que j'avance, l'effet de cette mesure sur le Nord et sur la Normandie qui a d'immenses relations avec l'Alsace, sera démontré en même temps. En effet, les oscillations des prix de Mulhouse, exprimés par la cote hebdomadaire des courtiers se transmettent aussitôt au marché de Rouen et y font les prix.

Je serai nécessairement amené à prendre souvent à partie quelques-uns de nos adversaires, celui surtout en qui paraît s'être incarné le régime actuel de notre industrie. Personne ne rend cependant plus que moi justice aux éminentes qualités de M. Jean Dollfus; et, en combattant des opinions que je crois fausses et dangereuses, je me défends d'avance contre toute intention de mettre en cause l'honorabilité et la sincérité personnelle de mes adversaires.

Il m'arrivera parfois d'employer les mots de priviíége et d'injustice en parlant des situations respectives de l'impression et de la filature. Ces mots, dans mon esprit, ne s'appliquent qu'aux conséquences du décret, conséquences qui n'étaient certainement pas prévues en 1861, et nullement aux intentions que le gouvernement avait alors. Si le gouvernement s'est trompé, il s'est évidemment trompé de bonne foi et sans l'intention préconçue de créer un priviíége ou de commettre une injustice, bien qu'à mon sens il soit arrivé à ces deux résultats.

II

L'INDUSTRIE COTONNIÈRE EN FRANCE.

Le décret du 13 février 1861, vivement attaqué par la filature et le tissage, vivement défendu par l'impression, partage en deux camps hostiles l'industrie cotonnière française. Je donnerai d'abord quelques chiffres sur l'importance de cette industrie.

Il existe en France 6,800,000 broches de filature qui mettent en œuvre, en moyenne, environ 90 millions de kilog. de coton brut et fournissent la matière à 80,000 métiers mécaniques et 200,000 métiers à bras. M. Roy, dans son rapport sur l'Exposition universelle de 1867, évalue à 600,000 la quantité d'ouvriers employés par l'industrie cotonnière. Je crois ce chiffre un peu élevé. Quoi qu'il en soit, c'est l'industrie la plus importante du pays, et ses salaires atteignent plusieurs centaines de millions. Le capital immobilisé seulement par la filature et le tissage mécanique est très-sensiblement de 500 millions; la valeur des produits fabriqués est généralement estimée à 600 millions, quand le coton a une valeur normale.

Je n'ai pas de chiffres précis sur le nombre total des établissements cotonniers. Dans le seul département de la Seine-Inférieure il existait, le 1er janvier 1867, 198 filatures (rapport du jury). Dans le département des Vosges, il existe à ma connaissance 120 filatures et tissages. Je suis convaincu qu'on ne peut estimer à moins de sept ou huit cents usines différentes les filatures et tissages mécaniques seuls, et je ne sais à quel chiffre on pourrait arriver si on tenait compte des tissages à bras et de l'industrie de Saint-Quentin et de Tarare.

L'industrie de l'impression en Alsace et à Rouen comprend 35 établissements et emploie approximativement comme matière première, 120 millions de mètres de tissus écrus, pesant environ 10 millions de kilogrammes, c'est-à-dire le huitième de la production française.

Il s'est exporté dans les plus fortes années, en comprenant les tissus admis temporairement, 2,500,000 kilogrammes de tissus imprimés, c'est-à-dire environ 3 et demi pour cent en poids de la production totale du pays. Les documents des douanes assignent pour 1867 une valeur de 16,523,460 fr. à ces exportations.

Les exportations de l'impression représentent donc 3 à 4 pour cent de la valeur généralement admise pour le travail de l'industrie cotonnière.

Si nous considérons seulement le rayon de l'Est, il existe dans les six départements du Haut-Rhin, des Vosges, du Bas-Rhin, du Doubs, de la Haute-Saône, et de la Meurthe, 2,140,000 broches de filature, 50,000 métiers mécaniques et 9 à 10,000 métiers à la main.

Ces usines emploient environ 70,000 ouvriers, et produisent 300,000,000 mètres de tissus représentant approximativement une valeur de 165 millions.

L'industrie de l'impression du Haut-Rhin concentrée dans seize établissements, emploie environ 50 millions de mètres auxquels les transformations qu'elle opère donnent une plus-value d'environ 15 millions. On admet en général qu'elle occupe directement 8 à 10,000 ouvriers.

III

LA SUISSE.

Les admissions temporaires de tissus dans l'Est de la France profitent surtout à la Suisse; et bien que l'Angleterre et l'Allemagne y prennent une certaine part, on peut n'en pas tenir compte devant les chiffres de l'importation du premier de ces pays.

Il a été admis de tout temps que les conditions de travail de la Suisse étaient beaucoup plus économiques qu'en France : forces hydrauliques inépuisables, main d'œuvre bon marché, plus de modestie, à intelligence et assiduité égales, dans le personnel instruit ; absence presque complète d'impôts sous toutes leurs formes ; tous ces avantages de nos voisins étaient connus, sans qu'on s'effrayât de leur concurrence au même degré que de celle de l'Angleterre. Les craintes les plus vives, au moment de l'enquête de 1860, semblent avoir été exprimées par l'industrie de Saint-Quentin et la broderie de la Meurthe et des Vosges, et non par la filature et le tissage.

Il n'existe pas de chiffres précis sur l'importance actuelle de l'industrie cotonnière en Suisse. Ce pays est peu centralisé ; les renseignements statistiques n'y sont pas recueillis par le gouvernement ; et, quand on cherche à le faire, l'on rencontre de grandes difficultés et l'on s'expose à de graves erreurs.

D'après le rapport de M. Roy sur l'industrie cotonnière à la dernière Exposition universelle, la Suisse comptait, en 1866, 1,500,000 broches de filature, 20,000 métiers mécaniques et 75,000 métiers à la main. Ces chiffres, qui ont sans doute été fournis par les commissaires suisses, devaient être voisins de la vérité. Depuis deux ans, le mouvement d'accroissement des établissements suisses a été très-considérable; les ateliers de construction d'Alsace ont été principalement occupés de leurs commandes. On croit en général que la Suisse possède aujourd'hui à peu près le même nombre de broches que nos départements de l Est.

Il n'en est pas ainsi pour le tissage; mais l'accroissement annuel est plus rapide encore. Sous l'influence du régime des admissions temporaires, il s'établit une véritable translation de notre industrie sur ce terrain favorisé.

Un travail de la plus grande valeur a été fait récemment par M. Groshens, de la maison Vaucher. Les conclusions en ont été publiées par M. Spœrry, mon collègue de la Commission d'enquête, qui avait provoqué et dirigé ce travail. C'est la comparaison des prix de revient de cinq à six filatures et tissages français, et d'autant d'établissements suisses.

Les chiffres qui en résultent ne sont ni des approximations, ni des moyennes, ce sont des quantités réelles, effectives, réduites aux mêmes unités et comparées avec l'expérience la plus consommée et la méthode la plus sûre. La conclusion est véritablement effrayante pour notre industrie.

Il en résulte qu'une filature de 22,000 broches établie à Mulhouse aurait à payer :

76,560 fr. par an de moins en frais de fabrication si elle était établie en Suisse ;

Qu'un tissage de 400 métiers établi à Mulhouse débourserait par année :

102,000 fr. de moins s'il marchait en Suisse.

M. Minal, dans une brochure récemment publiée, a appliqué les prix suisses tirés de ce document à l'ensemble de la filature et du tisage de l'Est. Il n'a tenu compte que de la main-d'œuvre et des frais généraux, négligeant les intérêts et amortissements d'usines qu'on peut supposer les mêmes en Suisse qu'en France ; il a trouvé les chiffres suivants :

France.

Filatures.	Main d'œuvre.	10,914,000 fr.
2.140,000 broc.	Frais généraux	10,272,000 fr.
Tissages.	Main d'œuvre.	22,350,000 fr.
50,000 métiers.	Frais généraux	11,400,000 fr.

Application des prix suisses aux établissements français.

Filatures.	Main d'œuvre.	7,960,000 fr.
	Frais généraux	3,778,000 fr.
Tissages.	Main d'œuvre.	15,750,000 fr.
	Frais généraux	5,850,000 fr.

Différence entre la France et la Suisse.

Main d'œuvre.	Filatures	2,954,000 fr.	9,554,000 fr.
	Tissages	6,600,000 fr.	
Frais généraux	Filatures	4,494,000 fr.	10,044,000 fr.
	Tissages	5,550,000 fr.	
	Total de la différence......		19,598,000 fr.

L'industrie suisse, en la supposant de même importance que l'industrie alsacienne, aurait donc sur celle-ci un avantage de près de 20 millions, dont en chiffres ronds 10 millions sur la main-d'œuvre et 10 millions sur les frais généraux.

En se plaçant seulement au point de vue de la filature, M. Groshens arrive aux différences suivantes dans le prix de revient :

	Numéros français.	Numéros anglais.	Différence des façons par kil.	Protection résultant des traités de commerce.
Chaîne....	23/26	30	» fr. 19 c.	» fr. 20 c.
	34	40	» 27	» 30
	42/44	50	» 44	» 0
	59/60	70	» 70	» 50
	67/68	80	» 85	» 60
	67/68	80	» 63	» 60
Trame....	76/77	90	» 83	» 70
	101/102	120	1 37	1 20
	110/111	130	1 63	1 40
	118/119	140	1 90	1 40

On voit que, pour les gros numéros, la protection établit l'équilibre, et qu'elle devient insuffisante pour les numéros fins, dans des proportions qui vont toujours en croissant, à mesure qu'il y a plus de travail accumulé dans le produit.

M. Grosheus a réuni la filature et le tissage dans d'autres tableaux comparatifs, où l'on voit que l'avantage du tissage suisse sur le tissage français est plus marqué encore que celui de la filature, et que la protection devient d'autant plus insuffisante que le tissu prend plus de valeur.

Il faut joindre à ces avantages de la Suisse de grandes différences dans le prix de la matière première. Les cotons, qui ne paient pas de droit en Suisse, paient 3 fr. 60 aux 100 kilogrammes à l'entrée en France, quand ils ne sont pas d'origine anglaise. Le prix de transport de Brème à Bâle est réduit à 44 fr. 45 la tonne, tandis qu'on paie 68 fr. 45 du Havre à Mulhouse, c'est-à-dire 24 fr. de plus par tonne. En employant les voies françaises, l'industriel suisse n'a à payer du Havre à Bâle que 64 fr. 50 c., c'est-à-dire 4 fr. de moins que l'industriel français, quoique le nombre de kilomètres parcourus soit plus grand. Ces différences ne sont pas à dédaigner. Dans les cas les plus favorables, elles s'élèvent à 36,000 fr. par an sur la production d'une filature de 30,000 broches, c'est-à-dire sensiblement moitié de l'intérêt du capital immobilisé.

Au point de vue commercial, la Suisse est pour les provinces de l'Est une rivale bien plus dangereuse que l'Angleterre. Voisine immédiate de l'Alsace, parlant la même langue, douée des mêmes aptitudes, ayant, au lieu des courants commerciaux bien établis de l'Angleterre, à se créer des débouchés pour une industrie nouvelle, trouvant à sa porte le plus beau marché du monde ouvert avec des droits à peine compensateurs pour les produits communs, et insuffisants pour les produits élevés, la Suisse s'est naturellement dirigée et se dirigera chaque jour davantage vers la fabrication des tissus faits jusqu'ici en Alsace et dans les Vosges.

Du reste, l'accroissement de son industrie n'élèvera pas nécessairement le taux de sa main-d'œuvre. On a souvent démontré que bien que l'ouvrier suisse reçoive des salaires moindres que l'ouvrier alsacien, il se trouve dans une condition analogue, c'est-à-dire qu'il peut satisfaire dans la même mesure à ses besoins. L'ouvrier, que les économistes rangent dans la classe des producteurs, est cependant le plus gros des consommateurs ; il paie sous forme d'impôts indirects et d'octrois le triple du paysan, car il achète tout ce qu'il consomme et a malheureusement peu de tendance à l'économie. Si l'on applique à chaque famille ouvrière, composée de trois personnes vivant du salaire d'un seul, la moyenne des charges annuelles qui pèsent sur chaque citoyen français, si l'on fait le même calcul pour la Suisse, on trouve que la différence est d'environ 100 ou 120 fr. par famille d'ouvriers, et explique à peu près la différence du prix de la main-d'œuvre. On ne peut, en pareille matière, arriver à des conclusions bien rigoureuses, mais la chose est sensiblement vraie.

L'ouvrier suisse est aussi bien payé que l'ouvrier alsacien, car on ne peut lui compter et il ne compte lui-même comme salaire que ce qui lui profite directement. Il y a donc peu de raison pour que l'accroissement de l'industrie suisse amène dans la main-d'œuvre une hausse de nature à modifier sérieusement l'économie de sa production; car il est reconnu, en Alsace, que les salaires sont très-rémunérateurs et permettent à l'ouvrier, s'il est rangé, de faire de petites économies. Il faut ajouter que l'accroissement de la population en Suisse est plus rapide qu'en France, et que la conscription n'y réduit pas le nombre des ouvriers en prenant l'élément le plus énergique et le plus valide. L'industrie suisse peut donc se développer bien au delà du point qu'elle a déjà atteint.

Ce que je viens de dire de la Suisse ne peut être sérieusement contesté. Mais la contradiction ne serait pas défavorable à la cause que je défends. En effet, si la Suisse n'est pas séparée de nous par un écart de prix de revient aussi important que je l'ai dit, le privilége des admissions temporaires est moins nécessaire aux imprimeurs; car leur intérêt a pour mesure la différence du prix de revient des deux marchés. Aussi verrons-nous par la suite que dans leurs dépositions, ils tendent plutôt à augmenter les avantages de la Suisse, en rappelant les plus grands écarts de prix qui aient existé entre les deux marchés.

IV

LE DÉCRET DU 13 FÉVRIER 1861. — LES ENQUÊTES.

Je rappelle brièvement les circonstances dans lesquelles l'industrie de l'impression obtint le décret du 13 février 1861.

La faculté d'admission temporaire admise par la loi de 1836 était en quelque sorte la soupape de sûreté du régime prohibitif. La filature et le tissage français étaient protégés d'une manière absolue par la prohibition des écrus; il semblait logique de donner au gouvernement le moyen de développer les industries d'exportation par le bénéfice des admissions temporaires et cependant l'exposé des motifs faisait les réserves les plus sévères pour les industries textiles.

Comment, le lendemain du jour où le traité de commerce avec l'Angleterre, suivi d'autres traités avec les nations les plus industrielles du continent, ouvrait nos portes avec des droits à peine compensateurs, le gouvernement donna-t-il à l'impression et à la teinture la faculté qui leur avait toujours été refusée sous le régime prohibitif? Comment surtout donna-t-on aux imprimeurs plus qu'ils ne demandaient, en leur accordant l'entrée en franchise de *tous* les tissus écrus?

Je cite textuellement la déposition de M. Jean Dollfus dans l'enquête de 1860 (page 125) :

« La fabrication des toiles peintes demande la libre entrée des tissus, des calicots étrangers, surtout pour les tissus les plus courants et les plus ordinaires; elle n'en a pas autant besoin pour les tissus fins et légers parce que, pour ceux-ci, il est plus facile d'obtenir des prix de vente assez convenables pour qu'il soit possible de les payer un peu plus cher en France qu'en Angleterre. »

Citation textuelle du même manufacturier (page 142) :

« Je ne demande que l'introduction des tissus ordinaires et non celle des tissus fins. »

Citation textuelle de la déposition de M. Gros, de Wesserling, page 461 :

« Je crois que cette faculté d'introduire des tissus étrangers à charge de réexportation pourrait être admise pour des tissus communs, pour les tissus ayant 44 fils au quart de pouce et pesant 8 kilogrammes au moins par cent mètres, parce qu'il est reconnu que les articles imprimés sur ces tissus ne s'exportent pas du tout . . . . mais je ferai une réserve pour les tissus plus fins, pour les jaconas et les organdis. . . . . Notre maison seule en exporte 60,000 pièces. Le jour où nous n'achèterions plus ces 60,000 pièces sur le marché français, nous porterions un préjudice assez grave aux tisseurs qui les font. Ces tisseurs se sont montés avec intelligence ; nous les avons encouragés à produire les tissus de ce genre ; je me demande donc si, en ce qui les concerne, il ne serait pas convenable d'attendre et de voir l'effet que produiront les nouveaux tarifs sur l'industrie du tissage. »

Bien que je m'occupe principalement de l'Alsace, il n'est pas sans intérêt de rappeler la déposition des imprimeurs de Rouen dans cette enquête (pages 431, 432, 433). Deux imprimeurs de Rouen, MM. Barbet et Cordier, questionnés sur les admissions temporaires, réservent leur opinion ; un troisième, M. Hazard, qui s'était risqué à demander cette mesure en disant qu'elle n'aurait pas, selon lui, d'effet sensible, retire cette proposition bien modeste devant l'attitude de ses collègues.

L'industrie des toiles peintes a donc obtenu plus qu'elle n'avait demandé par ses représentants les plus importants et les plus autorisés.

Sept ans plus tard, en 1868, nous assistons à une enquête, motivée par les plaintes de l'Est et de la Normandie. La plupart des imprimeurs trouvent que ce qui a été bon à prendre est excellent à garder. La maison de Wesserling est à la fois moins absolue et plus confiante dans les ressources de son industrie.

Je cite textuellement la déposition de M. Gros. (Enquête de 1868, page 188.)

« ..... Dans un esprit de conciliation et pour donner satisfaction, dans une certaine mesure, aux réclamations de nos adversaires, je serais disposé à renoncer aux avantages du décret en ce qui concerne les tissus fins, à partir de ceux ayant aux 5 millimètres carrés 25 fils au moins et pesant aux 100 mètres carrés moins de 4 kilog. 75. Je crois que, pour ces tissus, sur lesquels nous imprimons principalement les articles ayant un cachet de nouveauté, nous pourrons arriver à lutter encore avantageusement sur les marchés étrangers avec une différence de 5 cent. 1ǀ2 par mètre, montant du droit que nous aurions à payer pour la tirer de l'étranger. »

Mais de même qu'après l'enquête de 1860 les imprimeurs avaient obtenu plus que ne demandait M. Jean Dollfus, de même après celle de 1868, ils conservèrent plus que ce qui semblait suffisant à M. Gros.

La mesure prise à la suite de cette enquête, et qui consista à réduire de deux mois le délai d'exportation, n'avait aucune efficacité et ne contenta personne. L'admission temporaire est en effet bonne ou mauvaise. Si elle est bonne, pourquoi importuner les imprimeurs par une restriction simplement gênante, et sans profit pour la filature et le tissage ? Si elle est mauvaise, pourquoi ne pas revenir d'une façon nette à d'autres errements ?

V

PROMESSES DES IMPRIMEURS.

Sans connaître les causes qui ont amené le gouvernement à se montrer si libéral à l'égard des imprimeurs, je puis du moins rappeler les brillantes perspectives qu'ils faisaient alors miroiter aux yeux des juges de l'industrie française.

Je cite M. Jean Dollfus (enquête de 1869, page 129) : « Je crois que, dans ces conditions (si les admissions temporaires étaient permises), notre exportation, qui n'est aujourd'hui que de 25 à 30 millions, s'éleverait assez promptement à 100 millions. Je suis persuadé qu'il resterait en France au moins 80 millions pour 15 ou 20 millions que nous donnerions à l'étranger, année moyenne, soit pour les cotons et laine, soit pour les filés et tissus exportés. » Nous reviendrons plus tard sur ces valeurs et sur ces promesses; nous nous bornons ici à les citer. Elles ont certainement eu la plus grande influence sur la décision du gouvernement, qui n'a pas mis en doute la réalisation de ces espérances, auxquelles l'importance industrielle et le mérite de M. Dollfus donnaient certainement beaucoup de poids.

VI

ÉTAT ACTUEL DE LA QUESTION. — POINTS IMPORTANTS A ÉTABLIR.

Nous sommes à une distance de neuf ans du premier traité de commerce, à une distance de huit ans du décret sur des admissions temporaires. L'influence exercée sur notre industrie cotonnière par ces graves innovations économiques ne put être sensible au milieu des effets de la guerre d'Amérique. Cependant, il serait facile par bien des preuves de démontrer que les esprits clairvoyants avaient senti depuis longtemps la gravité de la situation faite à la filature et au tissage par le privilége accordé aux imprimeurs.

Ce n'est cependant qu'en 1867, après deux années de retour à un état plus calme, après l'abaissement des prix du coton et de ses dérivés à une valeur sans doute fort irrégulière, mais voisine des prix antérieurs à 1860, ce n'est qu'en 1867, dis-je, que l'opinion se prononça nettement dans la filature et le tissage sur l'effet désastreux exercé par les importations temporaires.

Une pétition revêtue de cent cinquante-six signatures d'industriels de l'Est demanda le rappel du décret du 13 février 1861. Les imprimeurs répondirent par une contre-pétition ; une longue polémique fut échangée dans les journaux d'Alsace, il en sortit l'enquête de 1868 aux résultats de laquelle j'ai déjà fait allusion. Aujourd'hui le système a un an de plus. L'unanimité est acquise sur cette question dans la filature et le tissage de l'Est ; et le sentiment de l'industrie rouennaise, de celle du Nord, de celle de Saint-Quentin, est prouvé par de nombreux documents.

Je reprendrai en détail les divers arguments employés par l'impression pour convaincre les filateurs et les tisseurs qu'ils ne comprennent pas leurs intérêts. Il me paraît nécessaire auparavant d'établir les points qui suivent :

1° L'impression a très-peu développé son exportation sous le régime des admissions temporaires.

Il s'exporte sous ce régime moins de tissus imprimés d'origine française qu'avant le décret du 13 février 1861.

2° Les admissions temporaires font baisser les cours français, et cette baisse n'atteint pas seulement les tissus achetés en vue de l'exportation, mais l'ensemble de la production.

Si ces points sont bien établis, on pourra continuer à dire que la mesure est favorable à l'impression, mais on sera forcé de reconnaître qu'elle est nuisible à la filature et au tissage.

VII

L'EXPORTATION DES TISSUS IMPRIMÉS EST STATIONNAIRE, SINON DÉCROISSANTE, DEPUIS DIX ANS.

Il s'exporte, sous le régime des admissions temporaires, moins de tissus français imprimés qu'avant le décret du 13 février 1861.

La démonstration est directe. J'extrais les chiffres des tableaux officiels des douanes.

Exportation de tissus imprimés français.

1858.	2,083,289 kil.
1859.	2,100,477
1860.	1,810,589

L'exportation est tombée très-bas pendant les années de 1861 à 1864 ; c'est le fait de la guerre d'Amérique et des prix élevés du coton. Je néglige cette période et je prends les exportations des trois dernières années.

Années.	Tissus francais.	Importations temporaires.	Total.
1865	2,065,060 kil.	373,245 kil.	2,438,305 kil.
1866	1,917,259 —	638,991 —	2,556,250 —
1867	1,672,373 —	811,316 —	2,483,689 —

En 1868, on a exporté 1,673,307 kil. de tissus français, mais le chiffre des admissions temporaires, n'est pas encore publié, du moins à ma connaissance.

La comparaison de ces chiffres amène aux conclusions suivantes :

Dans chacune des trois années qui précèdent le décret, il a été exporté en poids plus de tissus imprimés français que dans les trois années correspondantes qui suivent.

L'exportation des tissus français décroit chaque année.

Le chiffre total des exportations, obtenu en ajoutant aux tissus français les tissus étrangers admis temporairement, reste sensiblement le même de 1865 à 1867.

La décroissance de l'exportation des tissus français est compensée par une augmentation parallèle des importations temporaires. L'impression n'exporte pas plus en 1867 qu'en 1865 ; mais elle a chaque année remplacé environ 200,000 kil. de tissus français par des tissus étrangers.

Toutefois, cette argumentation ne porte que sur les poids. Les poids ne représentent pas tout et ne sont même qu'une indication de peu d'importance, quand on les compare à la valeur. Si chaque kilogramme exporté en 1867, par exemple, représente une valeur plus grande qu'en 1859, il faut en tenir grand compte ; car la valeur est la vraie représentation du travail.

Cependant, les poids ont leur mérite et nos adversaires n'ont rien négligé pour les mettre de leur côté. Une polémique intéressante a été échangée l'an dernier dans *l'Industriel alsacien* entre M. Dollfus et quelques manufacturiers de l'Est. Cette polémique a été réunie en une brochure, intitulée : *Le pour et le contre sur l'admission temporaire des tissus.* M. Dollfus démontrait aux filateurs à demi ruinés qu'ils étaient en train de s'enrichir. Il prouvait ensuite l'immense développement de l'industrie des impressions en confondant l'exportation des tissus *teints* avec celle des tissus imprimés. La teinture qui ne se sert presque pas, sinon pas, des admissions temporaires a en effet développé constamment ses exportations pendant que celles de l'impression suivaient la marche décroissante que nous venons de dire ; il ne s'exportait, en 1859, que 1,064,348 kilogrammes de tissus teints, tandis qu'en 1867, l'exportation s'est élevée à 1,771,402 ; et, soit dit en passant, des deux industries admises à profiter des importations temporaires, il est curieux de voir rester stationnaire celle qui en fait usage et grandir celle qui ne s'en sert pas.

M. Dollfus réunissait les chiffres des deux industries et attribuait au développement de la sienne tout l'accroissement qui résultait de ce mélange. Puis il triomphait facilement.

La controverse ayant enlevé ce terrain à M. Dollfus, il se réfugie maintenant derrière les valeurs. Une note qu'il a remise à ce sujet à l'enquête de 1868 a été jointe aux procès-verbaux (page 177). Cette note est reproduite comme pièce à l'appui dans la dernière pétition des imprimeurs. Je la publie une troisième fois tout entière.

NOTE DE M. JEAN DOLLFUS
Imprimeur sur étoffes à Mulhouse.

ACCROISSEMENT DES EXPORTATIONS DE L'ALSACE DEPUIS 1861.

Lorsque j'ai été entendu dans l'enquête ouverte par le comité des arts et manufactures, relativement à l'entrée des tissus à charge de réexportation, j'ai affirmé que nos exportations en tissus imprimés avaient doublé depuis que nous avons la faculté d'avoir nos matières premières (les tissus écrus) au plus bas prix possible.

A la suite de mon affirmation, l'un de messieurs les membres de la commission, M. Amé, a observé que, cependant, l'exportation en kilogrammes, en 1866 et 1867, comparée à celle qui a eu lieu en 1859 et 1860, avant la faculté d'introduire les tissus étrangers, n'était pas en rapport avec mon indication. J'ai répondu à M. Amé que le poids ne pouvait indiquer exactement la valeur : que, depuis quelques années, nos exportations en *tissus légers, fins,* étaient beaucoup plus considérables que précédemment, et que la valeur moyenne du kilogramme avait, par suite de cela, considérablement augmenté depuis six ou sept ans ; que la cherté du coton avait produit aussi un changement assez notable, en rendant plus avantageuse la vente des tissus légers, des tissus faits avec des fils plus fins que précédemment.

Toutefois, pour que mon assertion ne puisse être mise en doute, j'ai voulu connaître exactement l'augmentation de production de chacun de nos principaux établissements de tissus imprimés.

Nos fabriques les plus importantes dans le Haut-Rhin sont :

MM. Dollfus-Mieg et Ce ; Steinbach-Kœchlin et Ce ; Frères Kœchlin ; Hofer-Grosjean ; Gros, Roman, Marozeau et Ce ; Paraf-Javal frères et Ce ; Heilmann frères.

Ces maisons, réunies, ont imprimé, en chacune des années 1866 et 1867, au moins 400 à 450,000 pièces de 100 mètres, soit les deux tiers environ de la fabrication totale. Elles m'ont remis les notes incluses, indiquant l'augmentation énorme de leur fabrication depuis quelques années, et les progrès considérables des exportations relativement à la consommation française.

MM. Dollfus-Mieg et Ce qui,
en 1859, n'avaient fabriqué que 78,000 pièces de 100 mètres
   et 75,000 en 1860, en ont imprimé
        126,000 en 1866 et
        116,000 en 1867.

Ils ont exporté
    en 1859, pour   5,094,000 francs, et
    en 1860, pour   4,705,000 francs
       contre 10,774,000 francs, en 1865
        et   12,743,000 francs, en 1866.

MM. Steinbach, Kœchlin et Ce ont plus que doublé, en 1865 et 1866, leur production de jaconas et de percales, comparativement aux années qui ont précédé, et ont vendu au moins les trois quarts de ces articles à l'étranger.

MM. Frères Kœchlin ont produit
en 1861 pour 4,080,000 francs de tissus imprimés, dont
       1,702,000 francs ont été exportés ;
et, en 1866, ils en ont produit pour 5,500,000 francs, dont 3,659,000 francs exportés :
en 1867, ils en ont produit pour 5,600,000 francs, dont 4 millions 392,000 francs exportés.

La maison Hofer-Grosjean a produit :
en 1859 — 33,821 pièces, sur lesquelles 23,927 ont été exportées
en 1860 — 30,822   »   »   22,016   »   »

       tandis que

en 1866 elle a produit 54,151 pièces, sur lesquelles 47,406 exportées
et en 1867   »   54,700   »   »   43,396   »

MM. Gros, Roman, Marozeau et Cᵉ, au lieu de

. 40,000 pièces de 100 mètres en 1859
et 35,000   »   »   »   en 1860

       ont imprimé

60,000 pièces   en 1866
et 70,000   »   en 1867

Cette maison a donc presque doublé sa production. Elle exporte
en proportion une partie infiniment plus grande de sa production qu'autrefois, au moins les sept huitièmes de sa fabrication
totale.

MM. Paraf-Javal frères et Cᵉ déclarent avoir doublé leurs exportations, comparativement à celles qu'ils ont faites en 1859 et 1860.

MM. Helmann frères ont imprimé

en 1859 et 1860 ensemble,   43,500 pièces,
» 1866 et 1867   »   60,000   »

ils ont donc augmenté notablement leur fabrication.

Leur vente en France, comme pour les autres fabricants, a
aussi diminué, tandis que leur exportation a beaucoup augmenté.

Il n'est donc pas douteux que nos exportations, comparées à
celles de 1859 et 1860, sont arrivées à un chiffre qui peut bien
être évalué aujourd'hui à une somme de 40 millions de francs,
tandis qu'elles n'étaient que d'une vingtaine de millions avant
1861, et il est permis d'espérer que cette vente grandira énormé-
ment encore par le maintien indispensable du décret de 1861, tel
qu'il a été rendu.

J'extrais les chiffres suivants du Tableau général du commerce de la France, publié chaque année par l'administration des douanes.

Je prends les années citées par M. Jean Dollfus :

	Exportation en kilog.. chiffres bruts.	Valeur en francs.	Valeur du kilog. net, sans embal.
1859	2,100,477	18,064,102	8,60
1860	1,810,529	15,571,065	8,60
1866	2,083,977	17.734,646	9,25

Admissions temporaires.		
	572,392	4,796,645
Total de 1866		22,531,291
1867	1,672,583	10,838,340

Valeur du kilog. : 7,20

Admissions temporaires.		
	848,760	5,814,006
Total de 1867		16,652,346

Ainsi, M. Dollfus affirme que les exportations de l'Alsace seule, en tissus imprimés, atteignent 40 millions de francs, et *pour la France entière,* les chiffres des douanes indiquent une exportation de 16,652,346 fr. en 1867.

M. Dollfus affirme que la valeur moyenne du kilogramme de tissu imprimé a considérablement augmenté de 1859 à 1867, et la Commission des valeurs évalue le kilogramme, en 1859, à 8 fr. 60 c., et en 1867, à 7 fr. 20 c.

M. Dollfus affirme que les exportations d'Alsace, en tissus imprimés, ont doublé depuis 1859, et pour toute la France on exportait une valeur de 18,064,102 en 1859, tandis qu'*en comprenant les admissions temporaires,* on n'exporte plus que 16,652,346 fr. en 1867.

Que dirais-je sans affaiblir l'effet produit par la comparaison seule des chiffres. S'il y a malentendu, qu'on veuille bien nous l'expliquer. Mais si, comme j'ai lieu de le croire, les chiffres des douanes sont exacts, que reste-t-il des assertions de M. Dollfus ?

Je reprends à un autre point de vue la note que j'ai citée. Cette note contient des chiffres exagérés, ou du moins contradictoires avec les enquêtes précédentes. Elle est de plus conçue de façon à amener le lecteur inattentif à des conclusions erronées.

Je vais prouver mes deux assertions :

M. Dollfus a déclaré dans l'enquête de 1860 (page 127) une exportation de 6 millions de francs à peu près pour sa fabrique d'indienne.

Dans sa note, il déclare qu'il exportait, en 1859, pour 5,094,000 fr., et, en 1860, pour 4,705,000 fr.

Voilà donc environ 1 million qui s'est égaré depuis 1860.

MM. Gros, Odier, Roman, de Wesserling déclarent dans l'enquête de 1860 (page 152) avoir imprimé, l'année précédente, 4,647,000 mètres de coton pour une somme de 6,254,700 fr. Aujourd'hui, M. Dollfus dit qu'ils imprimaient :

En 1859. . . .   40,000 pièces de 100 mètres.
En 1860. . . .   35,000   —   —

Voilà encore un million égaré, car d'après la déposition même, le mètre valait environ 1 fr. 40 c.

M. Dollfus donne sa production pour 1866 et 1867 en nombre de mètres ; il ne donne pas le même renseignement pour 1865 ; mais il donne la valeur totale de ses exportations en 1865 et 1866. Elles sont de 10,774,000 **fr.** en 1865 et de 12,743,000 fr. en 1866. Ainsi M. Dollfus donne les valeurs de 1865, bien qu'il n'ait pas donné les longueurs ; il ne donne pas les valeurs de 1867, bien qu'il ait donné les longueurs.

Dans tout ce qui suit sur ses confrères, sauf pour MM. Frères Kœchlin, M. Dollfus donne seulement des longueurs pour 1856 et 1867, bien qu'il n'ait donné aucune valeur pour cette dernière année. Pourquoi ces précautions ?

C'est que le lecteur étranger à l'industrie cotonnière est naturellement disposé à appliquer aux longueurs de 1867, qui sont à la fois les plus fortes et les plus récentes, en date, les valeurs de 1865 et 1866, seules données par M. Dollfus, et à en conclure la possibilité du total de 40 millions auquel on désire l'amener.

Or, d'après la Commission des valeurs, le kilogramme de tissus imprimés exportés valait 10 fr. en 1865; en 1866, il valait 9 fr. 25 c.; tandis qu'en 1867, il ne valait plus que 7 fr. 20 c. Ces énormes différences tiennent aux prix des cotons.

La différence entre 1867 et 1866 est de 2 fr. 05 par kil.
—   1867 et 1865 —   2   80 —
ou près du tiers de la valeur.

Je crois avoir prouvé ce que j'avançais en commençant l'examen de la note de M. Dollfus. Ce serait, à mon avis, fort mal traiter l'administration des douanes et la commission des valeurs, de mettre sérieusement leurs chiffres en balance avec ceux du document que je viens d'analyser.

Qu'il me soit encore permis de faire justice, au moyen des tableaux des douanes, d'une autre exagération. M. Dollfus a toujours parlé des bénéfices immenses que laissait au travail national l'importation temporaire. J'ai reproduit, plus haut, page 18, une de ses assertions.

Or, l'administration des Douanes prend soin chaque année de faire estimer la valeur des écrus qui entrent à charge de réexportation. Pour 1867, où l'exportation a été

la plus considérable et a atteint 848,760 kilogrammes,
nous trouvons une valeur à l'entrée de 3,734,544 fr., et
une valeur à la sortie de 5,814,006 fr. La différence est
de 2,079,462 fr. qui représente la somme acquise par le
travail national.

Dans l'année la plus favorable du nouveau système,
nous sommes loin d'exporter les 100 millions annoncés
par M. Dollfus; mais bien plus loin encore, on le voit, de
gagner les 80 millions qu'il promettait en 1860.

VIII

CE QUE LA FILATURE ET LE TISSAGE PERDENT AUX ADMISSIONS TEMPORAIRES.

J'arrive au point le plus important. Que l'impression gagne aux admissions temporaires, cela ne fait pas de doute. Et j'ajouterai : cela ne porterait ombrage à personne, si personne n'en souffrait.

Mais il n'en est pas ainsi, et la filature et le tissage y perdent infiniment plus que l'impression n'y gagne. Elles y perdent de deux façons ; elles y perdent d'abord d'une manière directe par les tissus étrangers qui se sont substitués aux produits nationaux. Les chiffres des douanes que nous avons cités plus haut en donnent la mesure exacte.

En 1859, on exportait en produits imprimés sur tissus français 2,100,477 kilogrammes pour 18.064,102 fr. En 1867, on n'exporte plus que 1,672,583 kilogrammes pour 10,838,340 fr. La différence est de 527,894 kilogrammes et de 8,225,742 fr. (Pour 1868, nous n'avons pas les valeurs ; mais les poids sont sensiblement les mêmes.) La perte en valeur est énorme, comparativement à la perte en poids ; elle indique la quantité de travail qui a été perdue pour l'industrie française ! En déduisant le prix du coton, le pays a perdu là en main d'œuvre seulement au moins le double des 2,079,000 fr. représentant, comme je viens de le dire, toute la plus-value donnée par l'impression aux tissus importés temporairement dans la même année.

Mais, si considérables que soient ces chiffres, ils ne

montrent que le petit côté de la question ; l'effet indirect est beaucoup plus sérieux. Les admissions temporaires font baisser les cours français ; et cette baisse n'atteint pas seulement les tissus achetés en vue de l'exportation, mais l'ensemble de la production. De la sorte la protection que les traités de commerce ont voulu ménager à l'industrie cotonnière lui est enlevée, et elle subit à peu de chose près le régime du libre-échange. Il est facile de le prouver.

Depuis quelques années, la position normale du marché des tissus écrus en France est, sinon l'encombrement, au moins la prédominance de l'offre sur la demande. En effet, rien ne prouve que la consommation des tissus blancs ou teints se soit augmentée d'une façon sensible depuis 1860. La consommation, sous forme de tissus imprimés, s'est certainement réduite par la concurrence des articles de Roubaix, dont les prix sont avilis par d'immenses importations anglaises. Pour le mouvement avec l'extérieur, les documents des douanes fournissent les chiffres suivants : il s'est importé en France, à l'acquitté, en 1868, pour 30,100,000 fr. de fils et tissus de cotons, contre 1,300,000 fr. de filés en 1859 ; il s'est exporté, en 1868, pour 56,300,000 de filés et tissus, contre 68,100,000 fr. en 1859.

Les importations ont augmenté de 29 millions ; les exportations ont diminué de 12 millions. C'est donc une balance en chiffres ronds de 40 millions de produits qui existent de plus sur le marché français. Il faut bien dire 50 millions de francs, si l'on veut tenir compte des atténuations de valeurs déclarées à l'importation. De plus, entre 1860 et 1864, la filature et le tissage avaient continué à se développer surtout dans l'Est de la France, à peu près comme avant le traité de commerce. L'industrie n'est devenue stationnaire, ou n'a commencé à décroître qu'à partir de 1865, quand les effets du nouveau régime se sont fait sentir à la fin de la guerre d'Amérique ; mais la production est certainement plus considérable qu'en 1860.

En ajoutant l'un à l'autre ces différents motifs d'encombrement, on doit trouver sur le marché français pour 60 ou 70 millions de francs de plus qu'avant 1860, c'est-à-dire le dixième au moins de la production nationale.

Personne n'ignore l'effet que produit sur le prix des céréales un déficit ou un excédant de récolte du dixième. La même chose se passe dans le commerce cotonnier. Dans ces conditions, le sort du producteur, même sans les admissions temporaires, eût été plus que médiocre. Les admissions temporaires le rendent désastreux.

Placé le plus souvent en face d'un marché encombré, l'imprimeur offre des prix basés sur ceux auxquels il pourrait importer de Suisse ou d'Angleterre ; on lui cède généralement ; il emploie les tissus pour sa fabrication destinée à l'intérieur ; il achète ainsi 10, 20, 30,000 pièces de calicot aux prix suisses, sans être forcé d'en exporter une seule. Si le vendeur ne savait pas qu'il existe un maximum impitoyable au-dessus duquel il ne pourra s'élever, maximum donné par les prix suisses, il défendrait sa position avec bien plus de fermeté.

Quand viennent les rares moments qui pourraient donner quelque compensation à l'industrie, l'imprimeur trouve plus de résistance chez ses vendeurs ; il se sert alors réellement de l'admission temporaire ; il laisse les tissus écrus s'accumuler sur le marché, et comme ces périodes de bien-être sont généralement courtes, il a bientôt raison des résistances.

M. Jean Schlumberger a très-justement défini les admissions temporaires dans l'enquête de 1868. Il les compare à une échelle mobile en sens inverse. Quand les tissus sont rares, l'effet de l'admission temporaire est momentanément suspendu. Dès que l'industrie souffre, cette faculté permet à l'imprimeur de peser sur les cours et de les ramener au niveau des prix de la Suisse ou de l'Angleterre, et souvent bien au-dessous, enlevant ainsi tous les droits qui devraient protéger la filature et le tissage.

Les personnes qui croient possible pour le producteur de résister longtemps à des cours défavorables, ignorent complétement les nécessités des affaires. On ne peut refuser constamment à sa clientèle de vendre au cours qui se pratique ; on risquerait de l'envoyer chez ses concurrents et de l'y voir rester. La résistance devient du reste plus difficile à mesure que certains producteurs s'amoindrissent davantage dans leur fortune ; un industriel ruiné n'est pas un concurrent qui disparaît ; bien au contraire, c'est un concurrent mille fois plus redoutable ; car, tant qu'il reste à la tête de ses affaires, le besoin de faire face à ses échéances l'amène à vendre à tout prix ; et, quand il est dépossédé, l'acquéreur de l'usine au tiers ou au quart de sa valeur peut accepter, sans perdre, des conditions ruineuses pour ses concurrents. Sous ce rapport, notre marché tend chaque année à devenir plus mauvais.

M. Edouard Kœchlin a fait, dans l'enquête de 1868, une réflexion que je trouve profondément juste. L'abrogation du décret de 1861 n'influerait peut-être pas sensiblement sur les prix moyens ; mais elle élèverait beaucoup les prix *minima*. Le résultat serait de rendre les crises moins cruelles et de ne pas donner à l'industrie le coup de grâce

Je crois avoir indiqué les principaux arguments par lesquels on peut prouver directement l'influence des admissions temporaires sur les cours des tissus. Il est une autre démonstration plus saisissante, analogue aux démonstrations par l'absurde employées en mathématiques.

M. Jean Dollfus a déclaré dans l'enquête de 1868, que

les bénéfices de l'impression étaient de 3 1/2 pour cent en moyenne sur l'importance des affaires traitées. M. Steinbach a admis une moyenne de 4 pour cent (p. 98). Ces chiffres sont fort au-dessous de ce qu'on croit généralement. J'admettrai pourtant celui de M. Steinbach dont les déclarations ont toujours été très-sérieuses et très-mesurées.

La valeur annuelle des affaires faites dans l'Est par l'impression peut être évaluée à 50 millions. Ce chiffre est bien modeste et nous serions obligés de l'élever beaucoup si nous admettions avec M. Dollfus que l'exportation seule est de 40 millions. Le bénéfice annuel de l'impression pour le rayon de l'Est serait donc moyennement de 2 millions.

En 1868, on a importé temporairement, par le bureau de douane de Mulhouse : 155,510 pièces de tissus écrus, pesant 455,692 kilogrammes et mesurant en longueur 8,086,054 mètres. Ces tissus sont des calicots et des jaconas. Le droit à payer à l'entrée eût été de 5 c. par mètre. (Pétition des imprimeurs, p. 13.)

« L'expérience indique qu'avec un écart qui est d'envi- » *ron 2 cent. pour calicots et jaconas, la préférence à* » *l'achat des tissus à réexporter reste acquise au marché* » *français. »* (Citation textuelle de la pétition des imprimeurs, p. 11.)

Nous croyons qu'il n'en est pas toujours ainsi ; mais, puisque ces messieurs le disent, nous l'admettons bien volontiers pour le moment. MM. les imprimeurs n'ont donc eu, en tout, d'après leurs propres déclarations, qu'un avantage de 3 cent. par mètre à s'adresser à l'étranger. Cet avantage de 3 centimes sur 8,086,054 mètres fait une somme de 242,581 fr. 62.

242,581 fr. comparés à une production de cinquante millions, à un bénéfice de deux millions; voilà les chiffres auxquels se réduit toute la question! La montagne accouche d'une souris.

Et le sort de l'impression tiendrait à ces 242,581 fr. !

Et le retrait du droit d'admission temporaire serait à coup sûr le signal de la décadence de cette industrie ! (Page 2 de la pétition.)

Et c'est pour reprendre à l'indienne ces 242,581 fr. que depuis deux ans la filature et le tissage de l'Est pétitionnent et s'agitent sans relâche !

Et ce sont les 1,000 fr. environ que la répartition de ce maigre dividende donnera annuellement à chacun d'eux, sur lesquels les filateurs et les tisseurs de l'Est comptent pour rétablir leur situation ébranlée !

M. Géliot, député des Vosges, faisait l'an dernier, à la Chambre, le bilan du libre échange, en ce qui concerne l'industrie cotonnière : « Trois sous de différence par chemise, disait M. Géliot ; si les intermédiaires n'en gardent pas une partie, voilà le libre échange ! »

Mais ici ce n'est pas un demi-centime par mètre sur l'ensemble de la production des imprimeurs; voilà l'importation temporaire!

Il y a donc autre chose, nos adversaires le savent aussi bien que nous. Sur les 50 millions de mètres qu'ils achètent annuellement dans l'Est, ils gagnent peut-être en moyenne ces 3 centimes par les atténuations de valeur. C'est donc 1,500,000 fr. qu'ils trouvent aux dépens des filateurs et des tisseurs.

Ceux-ci ne perdent-ils pas plus? S'il en était ainsi, ce ne serait qu'un déplacement de profits. Mais la production est de 300,000,000 de mètres; elle suit tout entière les cours établis par les importations temporaires, et sans parler en rien de l'industrie normande et de l'industrie du Nord, la filature et le tissage de l'Est perdent 6 fr. par chaque franc que gagne l'impression, 9,000,000 dans notre hypothèse, — pour 1,500,000 que gagne celle-ci, — ces chiffres n'ont bien entendu rien d'absolu; la proportion seule est réelle.

Mais il y a l'intérêt du consommateur. C'est lui bien certainement qui retrouve en partie, sur le prix des tissus teints, blanchis ou écrus, ce que l'imprimeur n'a pu prendre. Je suis loin de le nier, bien que les intermédiaires en gardent beaucoup plus qu'on ne croit. En ramenant, comme le faisait M. Geliot, le profit du consommateur au fait pratique, il ne gagne pas, par chemise, la moitié du prix d'un blanchissage.

Cela vaut-il le sacrifice de l'industrie cotonnière, qui se meurt à ce régime? Le gouvernement prévoyait-il de pareils résultats, en donnant aux imprimeurs le décret du 13 février 1861?

Parlons plus sérieusement : sur 14,169,739 kilogrammes de tissus imprimés exportés de 1861 à 1867, la France en a donné 10,377,860, c'est-à-dire les trois quarts. Je reproduis un raisonnement de M. Bian dans l'enquête de 1868. De deux choses l'une : la France a fourni la presque totalité des tissus exportés au même prix que l'étranger par l'effet seul de la concurrence intérieure; dans ce cas, la fabrique d'indiennes peut trouver son approvisionnement en France et n'a pas besoin de la faveur qui lui est faite. Si, au contraire, la fabrique française n'a fait cette fourniture que sous la pression des prix étrangers, il est évident que les prix en France ont été déprimés par les admissions temporaires, et que les droits protecteurs qu'on a voulu accorder au marché intérieur sont annihilés, non-seulement sur les tissus exportés, mais sur l'ensemble de la production.

Il est impossible de répondre à ce dilemme.

Comme M. Marin, de Bühl, le disait dans une lettre ré·
comment publiée dans *l'Industriel alsacien,* trois fois sur
quatre depuis sept ans, on a pu acheter en France très-
sensiblement au même prix qu'en Suisse. Les cours auxquels se traitent les affaires pour l'exportation sont du
reste ceux du marché intérieur. Quel est en effet le fabri-
cant ou le commissionnaire qui consentirait à vendre au
prix de la Suisse si le cours de nos marchés était de 12 à
15 pour cent plus élevé? Donc, trois fois sur quatre, les
cours des produits français ont été l'équivalent de ceux de
la Suisse *sans droits.* Les droits n'existent plus que sur le
papier.

Un dernier mot sur ce sujet. Quinze maisons ont signé
la dernière pétition des imprimeurs, où se trouvent les
phrases suivantes :

« Le décret d'admission temporaire n'est cependant que
le brevet de vie, la condition normale d'une industrie ex-
portant la plus grande partie de ses produits ! Son retrait... serait à coup sûr le signal de la décadence de notre
industrie, et peut-être même celui de son irrémédiable
déplacement. »

Si ces maisons veulent donner un gage irréfutable de
sincérité, que chacune d'elles publie immédiatement le
détail en poids, année par année, des importations temporaires qu'elle a faites depuis 1861. Si, comme j'en
ai la conviction, plusieurs signataires de la pétition du
1er février dernier n'ont usé de la faculté d'admission
temporaire que pour des quantités dérisoires, ou même pas
du tout, ne faut-il pas admettre ou qu'ils ont donné une
signature de complaisance, ou que l'effet indirect du privilége est la cause de l'importance qu'ils y attachent?

IX

DANGER CROISSANT DU MAINTIEN DU PRIVILÉGE.

Il résulte de ce qui précède que la filature et le tissage font seules les frais du privilége donné à l'impression et le paient non pas une, mais cinq ou six fois pour ne parler que des départements de l Est.

Si on le reconnaît, il est difficile de voir rien de plus injuste et de plus illogique ; de plus injuste, car si l'on veut donner à l'impression un avantage, pourquoi le pays tout entier ne le paie-t-il pas et pourquoi seulement la filature et le tissage? De plus illogique, car c'est vraiment le monde renversé de voir prospérer l'impression qui, de son propre aveu, est en voie de déclin par l'abandon de la mode, la concurrence de tissus plus goûtés du public ; et de voir souffrir des industries dont les débouchés se sont constamment développés depuis le commencement du siècle, et peuvent se développer beaucoup encore.

Et voyez à quel point ce calcul est mauvais ; le nombre d'établissements d'impression va toujours en décroissant ; il n'y en a plus que seize dans l'est de la France ; le nombre des tissages et des filatures a toujours été en croissant jusqu'en 1860. Est-ce seulement par l'effet du déclin de l'impression et du développement des deux autres industries? Non. Cela tient surtout à la rareté des qualités qu'il faut réunir dans l'impression. Aux conditions nécessaires à tout industriel, l'ordre, l'économie, le sens commercial, l'imprimeur doit joindre un véritable sens artistique et de grands capitaux. Il doit diriger, je dirai presque inspirer, un personnel de chimistes, de graveurs, de dessinateurs, de coloristes; il lui faut des aptitudes qui sont extrêmement rares. Aussi s'est-il fait un travail de concentration de cette industrie difficile dans les mains les plus fortes et les plus habiles. Si l'impression de l'Est arrivait, par les importations temporaires, à doubler, dans un temps donné, sa production et ses bénéfices, ce serait au profit de six ou sept grandes maisons; et personne ne serait tenté de leur faire de concurrence.

La filature et le tissage sont des industries plus démocratiques. Si elles retrouvaient des périodes de prospérité, elles pourraient, comme elles l'ont toujours fait, tenter des débutants, créer peu à peu des situations nouvelles, répartir plus également dans le pays la fortune et le travail.

Restons-nous la Grèce de l'Europe, jaloux avant tout de notre supériorité dans les arts et le goût; venons en aide par des subventions nationales à la plus brillante de nos industries, comme nous le faisons pour Sèvres et les Gobelins. Ne marchandons pas les encouragements à l'impression française qui est une des gloires du pays.

Sommes-nous plus touchés de la force; et voulons-nous suivre les races anglo-saxonnes et germaniques sur le chemin moderne de la puissance industrielle et de l'énergie dans la production. Sachons voir où sont en France les véritables éléments de la grandeur matérielle, et ne les sacrifions pas à la légère.

Les inconvénients des admissions temporaires iront sans cesse en grandissant. Elles ont déjà stimulé le développement industriel de la Suisse. Si cette nation perd aujourd'hui un de ses debouchés par la suppression du privilége des imprimeurs, elle fera certainement sur les marchés étrangers une concurrence plus redoutable aux articles français qu'elle ne l'eût fait il y a quelques années. Il deviendra chaque jour plus difficile de reculer; le mal sera plus grand en France, mais les inconvénients d'un retour à l'ancien état de chose seront aussi plus sensibles. Aujourd'hui des établissements de premier ordre s'arrêtent en Alsace et dans les Vosges, rien de nouveau ne s'y crée et cependant l'industrie Suisse monte de grandes manufactures. Attendons dix ans, supposons que l'exportation des toiles peintes se développe plus qu'elle ne l'a fait depuis quelques années; la Suisse profitera certainement de tout cet accroissement. Et alors même que vous reconnaîtrez que le luxe de développer en France une industrie d'exportation vous a coûté la prospérité, peut-être l'existence de la plus grande des industries nationales, vous ne pourrez plus revenir, sous peine de condamner l'impression qui peut lutter aujourd'hui et serait seulement menacée d'une gêne momentanée et d'un sacrifice partiel de ses bénéfices.

Il est bon de connaître la voie où le privilége a déjà engagé l'industrie favorisée. Il résulte des chiffres des douanes que le prix des articles qu'elle exporte est inférieur à ce qu'il était en 1859. En 1859, le kilogramme de tissus imprimés était estimé par la Commission des valeurs à 8 fr. 60 c.; en 1867, il ne vaut plus que 7 fr. 20 c. Ce fait est admis des imprimeurs eux-mêmes, dans leur dernière pétition, deux pages avant la note où M. Dollfus dit le contraire : « L'impression semble avoir échangé une partie de son caractère artistique contre l'emploi croissant des moyens mécaniques; l'exportation veut du bon marché. » (Pages 7 et 12 de la pétition.)

Dans quelle mesure l'impression a-t-elle été amenée, par les courants du commerce et la nécessité, à se porter ainsi sur les sortes communes? Nous ne pouvons le dire;

mais nous croyons que la faculté des admissions temporaires l'a disposée à accepter plus facilement un nouveau champ de lutte, moins glorieux sans doute, mais probablement plus commode.

Est-elle dans le vrai? Nous en doutons, même au point de vue de ses intérêts; elle abandonne le terrain où elle était incontestablement reine par l'art et le goût national, pour la route commune, battue et fréquentée de tous, où l'Angleterre marche appuyée de ses relations commerciales, de l'immensité de ses établissements et des capitaux inépuisables avec lesquels elle peut décourager ses concurrents.

Dans l'enquête de 1860, nous voyons les imprimeurs assez confiants à l'endroit de la plus-value que la supériorité de leur travail leur assurera sur les marchés étrangers. M. Jean Dollfus lui-même dit (page 123) :

« Il faut avoir confiance dans l'avenir et se dire : nous travaillons un peu plus chèrement que l'Angleterre, mais cela ne dépassera pas 5 ou 10 pour cent, et nous pouvons, malgré tout, développer nos ventes; nous pouvons, grâce à la supériorité de notre goût, de nos dessins, de nos couleurs, vendre 5 et 10 pour cent plus cher que nos rivaux. »

Comment, huit ans plus tard, sommes-nous tombés jusqu'à ce triste aveu?

« Arrivât-on quelquefois par le goût, le dessin, à compenser des différences pareilles (il s'agit de 2 ou 3 centimes, c'est-à-dire des 5 à 10 pour cent de 1860), ce ne serait pas un motif pour punir les imprimeurs les moins habiles en les faisant entrer en lice avec la concurrence étrangère *à armes inégales*. »

Voilà où en est arrivée cette fière industrie! Quelques-uns pourraient peut-être lutter; mais il ne faut pas décourager les maladroits. Pour ma part, j'augure mieux de l'impression française. Elle est menacée aujourd'hui d'un retour à la situation qu'elle avait avant 1861, bien améliorée certes par l'abaissement excessif des droits protecteurs sur les filés et les tissus. Les difficultés nouvelles qu'elle rencontre sont-elles assez grandes pour contre-balancer cet avantage ; sera-t-elle plus malheureuse qu'avant 1861 ? Je ne le crois pas, pour ma part, et je suis convaincu qu'elle conservera de grands avantages si elle ne se transporte pas entièrement sur le terrain de la concurrence avec Manchester, où elle pourrait bien, à la longue, n'être pas la plus forte.

X

RÉPONSE AUX OBJECTIONS DES IMPRIMEURS.

L'impression de l'Est étant surtout une industrie d'exportation, les imprimeurs disent que le droit commun est pour eux d'importer aussi librement le tissu, leur matière première, que la filature peut importer le coton.

Je ne discuterai pas la différence qui existe entre une matière sans similaire dans la production française et le produit terminé de la plus importante des industries nationales, je dirai simplement ceci :

Si le droit commun est d'acheter au meilleur marché possible tout ce qui doit servir de matière première aux industries d'exportation, appliquons le système à toutes les industries. Laissons entrer les filés à charge de réexportation, les tissus destinés au blanc, à la confection. Procédons de même pour tout. Nous arriverons ainsi au libre-échange, excepté pour la dernière transformation de chaque industrie, qui restera seule protégée ; et, dans un pays où l'on a souvent fait des folies pour l'amour de la logique, on ne maintiendra pas longtemps une situation qui deviendrait un privilége. Mais aujourd'hui la règle commune étant encore la protection des industries nationales, c'est l'admission temporaire qui est le privilége.

Une autre objection des imprimeurs est celle-ci :

« Quand un prix nous est offert, comparez-le à celui que vous pouvez obtenir sur le marché intérieur. Si vous acceptez, nous vous avons rendu service, car vous étiez libres de refuser. »

Non, nous ne sommes pas libres de refuser ; car si je refuse, mon voisin acceptera et consacrera un cours que je serai forcé de subir. D'ailleurs, comme je crois l'avoir démontré, c'est vous qui faites par votre privilége les prix du marché intérieur. Je ne vous sais nul gré de m'acheter ma marchandise à perte, quand c'est par votre fait que cette perte se produit.

« Nous déblayons le marché intérieur par l'exportation. »

Vous le déblayez bien moins qu'avant 1861, comme je l'ai démontré, et chaque année la quantité des tissus que vous y prenez va en diminuant.

Il est une objection présentée par M. Steinbach dans sa remarquable déposition de l'enquête de 1868. M. Steinbach dit qu'il s'adresse très-rarement à l'étranger, mais il ajoute qu'il est des cas où l'on ne peut s'en dispenser. Il dit avoir acheté en Suisse, à 63 centimes, des jaconas fins qu'il ne pouvait trouver en France à moins de 80 centimes. Cette énorme disproportion frappe beaucoup à première vue. Mais il ne faut plus, avec le système douanier actuel, raisonner sur de pareils écarts, c'était bon au temps de la prohibition. Il faut simplement comparer le prix français au prix étranger augmenté des droits de douanes. Dans le cas cité par M. Steinbach, la différence se réduisait à moins de moitié.

Une des plus graves objections de nos adversaires est la suivante. Plusieurs des imprimeurs du Haut-Rhin possèdent des filatures et des tissages de dimensions très-importantes ; ce sont surtout MM. Dollfus-Mieg ; MM. Gros, Roman, Marozeau, de Wesserling qui sont filateurs et tisseurs ; M. Steinbach-Kœchlin qui est seulement filateur.

Ces messieurs ont déclaré, dans l'enquête de 1868, que les bénéfices de la filature et du tissage étaient plus considérables que ceux de l'impression. M. Jean Dollfus a précisé les faits de la façon suivante :

« Depuis vingt ans, la filature et le tissage nous ont donné 8 à 8 et demi pour cent en sus de l'intérêt de l'argent... Les bénéfices de ma maison pour ses filatures et tissages ont surtout été considérables depuis le traité de commerce (page 85 de l'enquête)... La filature de ma maison ne s'est livrée à aucune spéculation ; elle a constamment acheté au jour le jour, et voici ce qu'elle gagne sans y comprendre le bénéfice de 13,000 broches employées au retordage et fil à coudre.

Elle a gagné en 1861   510,000 fr.
              1862   583,000
              1863   182,000
              1864   79,000

Elle a perdu en 1855   117,000
Elle a gagné en 1866   880,000
Et en   1867   357,000 (page 91). »

« ... On a généralement gagné de l'argent sur les ar- » *ticles courants.* » (La question posée par M. Roy était relative aux 60, 68 et 70 portées, tissus courants d'impression d'Alsace.) « *Peut-être n'en gagne-t-on pas sur ces* » *articles depuis six mois ou un an.* » (M. Dollfus parle en février 1868 (page 107 et 108.)

Voilà deux assertions de M. Jean Dollfus, l'une relative à ses affaires personnelles, l'autre appréciant la situation générale de l'industrie. Malgré l'étonnement que je partage avec tous mes confrères, je ne puis mettre en doute ce que M. Dollfus dit de ses affaires personnelles. Voyons donc, au moins pour la filature, la valeur de son assertion générale. Il est facile de faire le compte de ce qu'a pu perdre, de 1861 à 1867, une filature qui aurait acheté ses cotons au jour le jour et vendu ses produits de même. J'ai publié ce travail, il y a deux ans, dans la polémique engagée dans l'*Industriel alsacien;* mais je préfère aujourd'hui invoquer un témoignage supérieur au mien.

Je dois à M. Auguste Dollfus, président de la Société industrielle de Mulhouse, la communication d'un travail très-intéressant et qui a le mérite de ne rien laisser à l'hypothèse ; car M. Auguste Dollfus a mis en regard, année par année, de 1860 à 1868, les prix de façon réels de sa filature, prix variables d'après les diverses qualités de coton qu'il a dû employer pendant la guerre d'Amérique ; les valeurs moyennes de ces mêmes cotons au Havre et le prix des filés à Mulhouse. C'est, en un mot, ce qu'il aurait perdu réellement s'il avait acheté au jour le jour comme M. Jean Dollfus. Dans les sept années citées par M. Jean Dollfus, M. Auguste Dollfus trouve en moyenne une perte de 17 c. par kilogramme des numéros ordinaires, ch. 27/29 et tr. 36/38, c'est-à-dire des filés pour les articles courants dont parlait M. Jean Dollfus. On eut produit avec les 60,000 broches de M. Jean Dollfus, environ 1 million de kilogrammes par année. En achetant le coton sans spéculer, comme l'a fait M. Jean Dollfus, on eut perdu 1,190,000 fr. dans les sept années où il a gagné 2,474,000 fr. Dans l'année 1862, notamment, où M. Jean Dollfus, toujours sans spéculer, a gagné 583,000 fr., on eut perdu 730,000 fr. Les façons de M. Auguste Dollfus comprennent l'intérêt du capital employé et l'amortissement du matériel ; mais il ne compte rien pour frais de courtage, de commission, de vente, mauvaises créances, etc. Ses chiffres sont donc au-dessous de la réalité d'une quantité qui compense et au delà la différence du prix de revient entre une filature de 60,000 broches et la filature de 24,000 broches qui a servi de type.

L'autorité de M. Auguste Dollfus est de celles qui ne peuvent être contestées.

La position du tissage a été d'ailleurs constamment plus mauvaise que celle de la filature pour les articles courants. C'est un fait admis de tout le monde, et bien prouvé du reste par la quantité des sinistres commerciaux en Alsace et dans les Vosges.

Nous sommes, on le voit, loin de compte avec M. Jean Dollfus. Puisqu'il a obtenu les magnifiques résultats dont il parle, il est donc évident qu'il a fait autre chose que ce qu'il trouve satisfaisant pour les autres. Comment expliquer, dans une certaine mesure, une réussite aussi extraordinaire?

Les produits de la filature de M. Dollfus sont absorbés en très-grande partie par sa retorderie de coton et son tissage. La filature n'a à supporter ni stocks ni faillites, et s'est vraisemblablement maintenue toujours dans la fabrication des numéros mi-fins qui, depuis quelques années, a été moins désavantageuse que celle des ordinaires. Mais tout le monde ne peut faire ces numéros; car la consommation en est limitée, et l'outillage de la plupart des filatures ne convient pas à cette production.

Du reste, les résultats d'une usine qui facture ses produits à une autre usine appartenant au même propriétaire ne peuvent être sérieusement comparés à ceux d'une usine qui vend ses produits aux commerçants, intermédiaires entre l'industriel et le public. La première fait ses comptes comme elle veut.

Quant aux tissages de M. Dollfus, les produits en sont utilisés par son impression. Mais il en achète, peut-être dix fois autant à d'autres tisseurs. Il n'est pas probable qu'il leur donne la production des tissus les plus avantageux, et il en est toujours quelques-uns dans une grande fabrication. Il y a souvent des combinaisons de tissus nouveaux qui laissent quelque marge au tisseur habile et habitué à modifier sans cesse sa fabrication, jusqu'au moment où tout le monde s'avise de cet avantage et le fait disparaître en s'y portant à la fois. Une industrie de dernière main, telle que l'impression, peut toujours, même dans les plus mauvaises périodes, faire une situation tolérable aux producteurs d'un dixième de son assortiment. Bien que les bénéfices de M. Dollfus restent extraordinairement élevés, c'est dans ce sens que je puis les expliquer en partie ; il se fait à lui-même ses commandes et ne choisit pas les plus mauvaises.

Mais tout le monde ne dispose pas à la fois de l'offre et de la demande, et les sept vaches grasses que M. Dollfus montre si complaisamment, auraient été bien maigres si elles avaient vécu du pré commun.

Il est une autre objection qui se formule ainsi :

Les souffrances dont vous vous plaignez ne vous sont pas particulières ; elles existent dans l'industrie cotonnière de tous les pays, notamment en Angleterre, depuis que la guerre d'Amérique a profondément modifié les conditions de votre alimentation.

On peut répondre en demandant comment il se fait que les filatures et les tissages se développent en Allemagne et en Suisse, tandis que les ruines s'accumulent en France.

On peut dire aussi que si les Anglais souffrent sérieusement, ils ont dans le chômage partiel ou total des établissements un remède qui nous est absolument interdit, d'abord par l'humanité des patrons, et ensuite par beaucoup de causes tenant au caractère de la nation, qu'il se-

rait impossible de développer ici sans entrer plus que je ne
le voudrais dans le domaine de la politique.

Il serait facile de prouver que certains produits anglais,
qui, normalement, étaient beaucoup meilleur marché que
leurs similaires français, sont depuis quelques années souvent au même prix, et quelquefois même plus chers; de
façon que si l'on pouvait craindre le maintien d'une situation aussi cruelle pour l'industrie française, il serait quelquefois possible d'exporter de France en Angleterre des
tissus dont le prix de revient est plus élevé de cinq ou six
centimes dans notre pays.

La preuve la plus saisissante d'ailleurs est fournie par
les admissions temporaires elles-mêmes. Si l'impression,
depuis sept ans, a acheté en France les trois quarts de ses
tissus d'exportation, c'est que trois fois sur quatre le marché français a subi, à peu de chose près, les cours de la
Suisse. Or, à moins qu'on ne prétende que nous produisons
aux mêmes prix que la Suisse, il faut admettre que trois
fois sur quatre, nous avons dû souffrir beaucoup plus
qu'elle.

Mais que font ces raisons au débat, et par quel moyen
pouvons-nous arriver exactement à savoir si nos voisins
pâtissent plus ou moins que nous? La souffrance n'est pas
une quantité mathématique et ne peut se mettre en équa-
tion. Nous serait-il démontré que l'Angleterre et la Suisse
souffrent plus que nous, je n'y verrais qu'une raison de
plus pour demander la suppression du privilége des imprimeurs; car si un industriel qui se ruine est le concurrent le plus redoutable et répand la ruine autour de lui,
il en est de même des nations organisées pour l'exportation quand leurs débouchés viennent à se fermer. L'A-
mérique s'est faite prohibitionniste, l'Allemagne se fait
industrielle et se passe de plus en plus de l'Angleterre.

Tous les pays souffrent de l'irrégularité des approvision-
nements de coton, mais l'Angleterre doit aussi ses souffrances à la suppression d'une partie de ses marchés. La
cause de ses maux est parfaitement définie. Dans l'industrie
cotonnière française, nous devons en grande partie les
nôtres aux admissions temporaires, combinées avec de
grandes importations auxquelles nous devons nous rési-
gner, puisque nous sommes liés par des contrats internatio-
naux. Nous plaignons nos voisins s'ils ne peuvent trouver de remède à leurs maux ; nous en connaissons un, au
moins, aux nôtres ; et nous l'indiquons avec cette clair-
voyance des intérêts lésés, qui remplacerait au besoin tout
raisonnement, si le raisonnement n'était pas pour nous
aussi bien que le droit.

XI

CONCLUSION.

Je crois avoir rempli mon programme et prouvé les inconvénients et les dangers des importations temporaires. Il me resterait à examiner les divers moyens de concilier les industries rivales, si je ne craignais, en le faisant, de sortir de mon rôle.

La filature et le tissage se plaignent du tort qui leur est causé par le privilége des imprimeurs. Ce mal ne peut évidemment disparaître d'une façon complète que par le rappel du décret ; il subsistera dans la mesure où le privilége sera maintenu.

L'écart du prix de revient des tissus pour les articles ordinaires d'Alsace étant de six centimes environ par mètre entre la France et la Suisse, ou d'un peu plus que la protection accordée par les traités ; les cours, dès que les affaires languissent, sont exposés à subir une dépression qui peut atteindre ces six centimes. Si les imprimeurs étaient astreints à payer la moitié des droits, la pression qu'ils exercent sur le marché français serait limitée d'autant ; mais elle subsisterait cependant de façon à réduire de moitié *dans les mauvais moments* une protection déjà insuffisante.

C'est au gouvernement de voir jusqu'à quel point il veut ou peut venir en aide à la filature et au tissage. Ces industries ne peuvent lui en indiquer la mesure. Elles ont souffert et souffrent encore trop pour que le retrait total du privilége des imprimeurs ne leur semble pas indispensable, et s'il ne leur est pas accordé, elles continueront sans doute de réclamer ce qu'elles considèrent comme leur droit.

On me reprochera peut-être de ne pas tenir un compte suffisant de l'impression et de lui faire courir de grands dangers, sans être assuré de rendre la prospérité aux autres branches de l'industrie cotonnière. J'ai déjà répondu sur le dernier point. Quant à l'avenir de l'impression, nos adversaires ne peuvent échapper à ce dilemme : Si leur exportation, après le retrait du privilége, continue comme par le passé, les imprimeurs ne peuvent dire qu'ils ont été sacrifiés. Si l'exportation devient momentanément impossible à cause des prix qui s'établiront sur le marché des tissus, la diminution de débouchés amènera probablement la baisse, et les imprimeurs pourront reprendre leurs exportations.

Du reste, je l'ai dit à satiété, ils se sont condamnés en prenant depuis sept ans les trois quarts de leurs tissus d'exportation sur le marché national, sans augmenter leurs ventes à l'étranger. C'est la preuve que le privilége ne leur a guère servi qu'à faire et à maintenir la baisse en France.

Je conclus. Le rappel du décret de 1861 fera certainement disparaître une injustice ; et, s'il produit quelques souffrances, il en soulagera infiniment plus. Que peut-il arriver en effet? L'impression n'y perdra que si les prix des tissus se relèvent sensiblement, c'est-à-dire si la prospérité est rendue aux deux autres industries. Si, au contraire, la dépression actuelle persiste après le retour à l'ancien système, ce que l'impression perdra sera insignifiant. En un mot, si les imprimeurs ne sont pour rien dans les souffrances de la filature et le tissage, la suppression de leur privilége ne leur fera pas de tort appréciable.

Senones, avril 1869.

Paris. — Imp. Balitout, Questroy et Cie, rue Baillif, 7.

PARIS

IMPRIMERIE BALITOUT, QUESTROY ET Cie

7, rue Baillif; et rue de Tilbin, 16.